Inhaltsverzeichnis

W0410015

Für die Rezepte wurden Eier Gr. M verwendet!

Grundrezepte

Schokoladenglasur mit Fett:

200 g Kuvertüre im Mixtopf
10 Sek./Stufe 7 zerkleinern.
1 EL Palmfett hinzufügen und
5 Min./50°C/Stufe 2 schmelzen.

Schokoladenglasur mit Sahne:

200 g Zartbitter- oder Vollmilchschokolade **7 Sek./Stufe 9** zerkleinern.
50 g Sahne dazugeben und
3 Min./50°C/Stufe 1 schmelzen.

Spritzbeutel mit Schokolade:

200-400 g Schokolade in den Mixtopf geben und auf **Stufe 8** zerkleinern.
In einen Gefrierbeutel geben und zuknoten.
500 g Wasser in den Mixtopf geben, Garsieb einhängen, den Beutel hineinlegen und **7-8 Min./Varoma/Stufe 2** schmelzen.
Mit der Schere eine kleine Ecke abschneiden und das Gebäck beliebig verzieren.

Puderzuckerglasur:

200 g Zucker im Mixtopf
10 Sek./Stufe 10 pulverisieren.
1 Eiweiß zugeben und
1 Min./Stufe 5 verrühren.

Vanillezucker selbstgemacht:

200 g Zucker und 1 Vanilleschote in Stücken im Mixtopf
10 Sek./Stufe 10 pulverisieren.

Marzipan selbstgemacht:

250 g Zucker **10 Sek./Stufe 10** pulverisieren.
250 g Mandeln (geschält) hinzugeben und **8 Sek./Stufe 10** fein mahlen.
½ Fläschchen Bittermandelöl und 30 g Wasser zugeben und
3 Min./Teigstufe vermengen.

Tipps & Tricks

Teig ausrollen:

Sollte ein Plätzchenteig stark kleben (z.B. bei den Schokoladenmonden), rollen Sie den Teig am Besten, unter Zugabe von etwas Mehl, zwischen 2 aufgeschnittenen Gefrierbeuteln aus.

Plätzchen backen:

Wenn Sie nur 1 Backblech Plätzchen backen, backen Sie dieses auf Ober-/Unterhitze. Bei mehreren Blechen bitte Umluft (Heißluft), da sich die Hitze gleichmäßig im Ofen verteilt und somit alle Plätzchen gleichzeitig fertig werden. Die Plätzchen sind fertig wenn sie sich goldgelb färben.

Bei Umluft die Temperatur bitte um 20°C reduzieren.

Plätzchen aufbewahren:

Plätzchen lagern Sie in gut verschließbaren Blechdosen. Bitte lassen Sie die Plätzchen jedoch vollständig abkühlen. Trockene Plätzchen bleiben bei Zimmertemperatur ca. 6-8 Wochen frisch.

Mixtopf säubern:

Wenn Sie Schokolade im Mixtopf geschmolzen haben, haben wir hier einen Tipp, wie Sie ihn schnell wieder sauber bekommen:
Einfach 500-600 g Wasser zusammen mit 1 Schuss Spülmittel **4 Min./80°C/Stufe 4** erhitzen.
Danach ist der Topf fast sauber!

Mandelplätzchen mit Nougatfüllung

Backtemperatur:
180°C (Umluft: 160°C)
Backzeit: ca. 10-12 Min.

Zutaten:

150 g Mandeln
250 g Mehl
½ TL Backpulver
75 g Zucker
1 P. Vanillezucker
1 Ei
200 g Butter, in Stücken

Füllung und Glasur:

Nuss-Nougat-Creme
Schokoladenglasur

Zubereitung:

- Mandeln in den Mixtopf geben und **10 Sek./Stufe 7** mahlen.
- Restliche Zutaten zugeben und **30-40 Sek./Stufe 4** zu einem Mürbteig kneten.
- Teig aus dem Mixtopf nehmen, zu einer Kugel formen und in Frischhaltefolie wickeln. Ca. 1 Std. in den Kühlschrank stellen.
- Teig auf der leicht bemehlten Arbeitsfläche dünn ausrollen und Kreise oder Rauten ausstechen. Bitte beachten Sie, dass Sie von jeder Form immer 1 Paar haben. Im vorgeheizten Backofen backen.
- Nach dem Abkühlen je 1 Plätzchen mit Nuss-Nougat-Creme bestreichen und ein Zweites daraufsetzen.
- Zum Schluss die Nougatplätzchen zur Hälfte in flüssige Glasur tauchen und auf einem Kuchengitter trocknen lassen.

Butterplätzchen zum Ausstechen

Backtemperatur:
180°C (Umluft: 160°C)
Backzeit: ca.10-12 Min.

Zutaten:

125 g Butter
250 g Zucker
1 P. Vanillezucker
4 Eier
3 EL Sahne
500 g Mehl
250 g Speisestärke
1 P. Backpulver

Verzierung:

Nach Belieben

Zubereitung:

- Butter, Zucker, Vanillezucker, Eier und Sahne **3 Min./Stufe 4** schaumig schlagen.
- Mehl, Speisestärke und Backpulver zugeben und **1 Min./Teigstufe** kneten. Ggf. Spatel zur Hilfe nehmen.
- Teig zu einer Kugel formen und in Frischhaltefolie wickeln. Ca. 1 Std. in den Kühlschrank stellen.
- Teig auf der leicht bemehlten Arbeitsfläche dünn ausrollen und beliebige Formen ausstechen.
- Plätzchen auf ein mit Backpapier belegtes Backblech geben und im vorgeheizten Backofen backen.
- Nach dem Abkühlen nach Belieben verzieren.

Walnuss-Türmchen 20 Stück

Backtemperatur:
180°C (Umluft: 160°C)
Backzeit: ca. 10-12 Min.

Zutaten:

80 g Walnüsse
200 g Mehl
80 g Zucker
1 P. Vanillezucker
1 TL Zimt
120 g Butter, in Stücken
1-2 EL eiskaltes Wasser

Füllung & Verzieren

120 g Erdbeerkonfitüre
100 g Puderzucker
1 Eiweiß
10 Walnusskernhälften, nochmal halbiert

Zubereitung:

- Walnüsse im Mixtopf **10 Sek./Stufe 7** mahlen. Restliche Zutaten dazugeben und **30-40 Sek./Stufe 4** zu einem Teig verarbeiten.
- Teig aus dem Mixtopf nehmen, zu einer Kugel formen und in Frischhaltefolie wickeln. Ca. 1 Std. in den Kühlschrank stellen. Mixtopf spülen.
- Teig auf die leicht bemehlte Arbeitsfläche geben, ggf. nochmals kurz durchkneten und dünn ausrollen.
- Jeweils 20 Plätzchen in 3 verschiedene Größen ausstechen und auf ein mit Backpapier belegtes Backblech legen. Im vorgeheizten Ofen backen. Plätzchen abkühlen lassen.
- Immer 3 Plätzchen von jeder Größe wie auf dem Bild mit Erdbeerkonfitüre aufeinandersetzen.
- Puderzucker und Eiweiß im Mixtopf **1 Min./Stufe 3** verrühren und auf jedes Türmchen einen Klecks geben. Ein Stück Walnuss aufsetzen und trocknen lassen.

Gewürz-Sterntaler

Backtemperatur:
180°C (Umluft: 160°C)
Backzeit: ca.10-12 Min.

Zutaten:

50 g Haselnüsse
250 g Mehl
130 g Zucker
1 Prise Salz
1 TL Kakaopulver
½ TL Zimt
50 g Puderzucker
150 g Butter
1 Ei
1 TL Lebkuchengewürz

Verzierung:

Puderzucker

Zubereitung:

- Haselnüsse in den Mixtopf geben und **8 Sek./Stufe 7** mahlen.
- Restliche Zutaten dazugeben und **30-40 Sek./Stufe 4** zu einem Teig verarbeiten.
- Teig aus dem Mixtopf nehmen, zu einer Kugel formen und in Frischhaltefolie wickeln. Ca. 1 Std. in den Kühlschrank stellen.
- Den Teig mit etwas Mehl ca. 4 mm dünn ausrollen und Sterne ausstechen.
- Die Sterne auf ein mit Backpapier belegtes Backblech setzen und im vorgeheizten Ofen backen.
- Sterne auskühlen lassen und mit Puderzucker bestäuben.

ANSTELLE DER HASELNÜSSE KÖNNEN SIE AUCH MANDELN VERWENDEN.

Spekulatius-Kipferl ca. 50 Stück

Backtemperatur:
180°C (Umluft: 160°C)
Backzeit: ca. 15-18 Min.

Zutaten:

100 g Mandeln
280 g Mehl
70 g Puderzucker
1 P. Vanillezucker
210 g Butter, in Stücken
1 TL Spekulatius-Gewürz, leicht gehäuft
1 Prise Salz

Außerdem:

100 g Puderzucker
2 P. Vanillezucker
1 TL Zimt

ANSTELLE VON SPEKULATIUSGEWÜRZ KÖNNEN SIE AUCH LEBKUCHENGEWÜRZ VERWENDEN.

Zubereitung:

- Mandeln im Mixtopf **8 Sek./Stufe 7** mahlen. Restliche Zutaten dazugeben und **40 Sek./Stufe 4-5** **(TM5: Stufe 4,5)** zu einem Teig verarbeiten.
- Teig aus dem Mixtopf nehmen, zu einer Kugel formen und in Frischhaltefolie wickeln. Ca. 1 Std. in den Kühlschrank stellen.
- Aus dem Teig ca. 6 cm lange Stränge formen und zu Hörnchen (Kipferl) biegen.
- Die Kipferl auf ein mit Backpapier belegtes Backblech legen und im vorgeheizten Ofen backen.
- Puderzucker, Vanillezucker und Zimt gut vermischen und die noch warmen Kipferl vorsichtig darin wenden. Auf einem Kuchengitter abkühlen lassen.

Schokoladenmonde

Backtemperatur:
180°C (Umluft: 160°C)
Backzeit: ca.10-12 Min.

Zutaten:

40 g Blockschokolade
250 g Mehl
165 g Butter, in Stücken
35 g Kakao
60 g Zucker
2 Eigelb

Außerdem:

25 g Pistazien gehackt
Schokoladenglasur
Erdbeer- o. Aprikosenmarmelade

Zubereitung:

- Zuerst die Pistazien für die Verzierung **5 Sek./Stufe 8** mahlen. Umfüllen.
- Blockschokolade in Stücken in den Mixtopf geben und **10 Sek./Stufe 8** fein reiben. Restliche Zutaten für den Teig hinzugeben und **30-40 Sek./Stufe 4** zu einem Teig verarbeiten.
- Teig aus dem Mixtopf nehmen, zu einer Kugel formen und in Frischhaltefolie wickeln. Ca. 1 Std. in den Kühlschrank stellen.
- Den Teig portionsweise zwischen zwei aufgeschnittenen Gefrierbeuteln ausrollen. Monde ausstechen, auf ein mit Backpapier belegtes Backblech setzen und backen.
- Monde nach dem Backen etwas abkühlen lassen, die Hälfte davon mit Schokoguss bestreichen und mit den gemahlenen Pistazien bestreuen. Abkühlen lassen. Nach dem Trocknen der Schokolade immer 2 Monde mit Marmelade zusammensetzen.

ACHTUNG TEIG IST SEHR KLEBRIG! GGF. NOCH ETWAS MEHL ZUGEBEN UND VON HAND KNETEN.

Nussstangen

Backtemperatur:
180°C (Umluft: 160°C)
Backzeit: ca. 10-12 Min.

Zutaten:

125 g Haselnüsse
250 g Mehl
200 g Butter, in Stücken oder Margarine
150 g Zucker
1 Eigelb
1 TL Rum

Verzierung:

Schokoladenglasur

Zubereitung:

- Nüsse in den Mixtopf geben und **10 Sek./Stufe 7** mahlen.
- Restliche Zutaten zugeben und **30-40 Sek./Stufe 4** zu einem Mürbteig verarbeiten.
- Teig aus dem Mixtopf nehmen, zu einer Kugel formen und in Frischhaltefolie wickeln. Ca. 1 Std. in den Kühlschrank stellen.
- Aus dem Teig ca. 7 cm lange Stangen (kleinfingerdick) formen und auf ein mit Backpapier belegtes Backblech legen.
- Im vorgeheizten Backofen backen.
- Nach dem Abkühlen die Stangen mit einer Seite in flüssige Kuvertüre tauchen und auf einem Kuchengitter abtropfen lassen.

Feenküsse

Backtemperatur:
200°C (Umluft: 175°C)
Backzeit: 15-20 Min.

Zutaten:

Baisermasse:
2 Eiweiß
1 TL Zitronensaft
100 g Zucker

Teig:
150 g Mehl
50 g Zucker
100 g Butter o. Margarine
1 Eigelb
1 Prise Salz
1 EL Wasser

Außerdem:
63 Stück Toffifee (1 große und 1 kleine Packung)

Zubereitung:

Baisermasse herstellen:

- Eiweiß und Zitronensaft in den Mixtopf geben und mit Hilfe des Rühraufsatzes **2 MIn./50°C/Stufe 3** steif schlagen, dabei Zucker langsam durch die Deckelöffnung einrieseln lassen. Umfüllen und in den Kühlschrank stellen.
- Teigzutaten in den Mixtopf geben und **30-40 Sek./Stufe 4** zu einem Mürbteig verarbeiten.
- Teig aus dem Mixtopf nehmen, zu einer Kugel formen und in Frischhaltefolie wickeln. Ca. 1 Std. in den Kühlschrank stellen.
- Teig auf etwas Mehl ausrollen und Kreise Ø 4,5 cm ausstechen. Je ein Toffifee mit der Schokoladenseite nach unten in die Mitte des ausgestochenen Teigkreises setzen.
- Baisermasse auf die Kreise spritzen. (Die Toffifees müssen ganz bedeckt sein!) Im vorgeheizten Backofen backen.

Kokos-Marzipan-Makronen

Backtemperatur:
180°C (Umluft: 160°C)
Backzeit: ca. 15-18 Min.

ca. 20 Stück

Zutaten:

50 g Zucker
1 EL Vanillezucker
100 g Marzipanrohmasse, in Stücken
2 Eiweiß
100 g Kokosraspeln
1 EL Zitronensaft
30 g Magerquark

Verzierung:

Schokoladenglasur, z.B. mit Spritzbeutel s. Seite 4

Zubereitung:

- Zucker und Vanillezucker **10 Sek./Stufe 10** pulverisieren. Umfüllen.
- Marzipan und Eiweiß **15 Sek./Stufe 5** zerkleinern.
- Pulverisierter Zucker und restliche Zutaten zugeben und **30 Sek./Stufe 4** vermengen.
- Mit Hilfe von 2 Teelöffeln kleine Häufchen auf ein mit Backpapier belegtes Backblech setzen und im vorgeheizten Backofen goldbraun backen.
- Makronen nach dem Erkalten mit Schokolade verzieren.

DURCH DEN QUARK BLEIBEN DIE MAKRONEN SCHÖN SAFTIG UND WEICH. WER MÖCHTE, KANN DIE MAKRONEN AUCH AUF OBLATEN SETZEN.

Gelee-Taler

Backtemperatur:
180°C (Umluft: 160°C)
Backzeit: ca. 10-12 Min.

Zutaten:

100 g Zucker
300 g Mehl
½ TL Backpulver
1 TL Vanillezucker
1 Ei
200 g Butter, weich, in Stücken

Füllung & Verzierung:

Johannisbeergelee
Schokoladenglasur, z.B. mit Spritzbeutel ***s. Seite 4***

Zubereitung:

- Zucker in den Mixtopf geben und **10 Sek./Stufe 10** pulverisieren.
- Restliche Zutaten zugeben und **30-40 Sek./Stufe 4** zu einem Mürbteig verarbeiten.
- Teig aus dem Mixtopf nehmen, zu einer Kugel formen und in Frischhaltefolie wickeln. Ca. 1 Std. in den Kühlschrank stellen.
- Teig auf wenig Mehl dünn ausrollen und Blumen, Herzen oder Sterne ausstechen. Die Hälfte davon mit Locheinsatz.
- Plätzchen auf ein mit Backpapier belegtes Backblech setzen und im vorgeheizten Backofen backen.
- Nach dem Abkühlen ein Plätzchen mit leicht angewärmtem Gelee bestreichen und ein zweites mit Loch daraufsetzen. Zum Schluss mit etwas Schokoladenglasur verzieren.

Nuss- & Kokoskränze

Backtemperatur:
180°C (Umluft: 160°C)
Backzeit: ca. 10-12 Min.

Zutaten:

125 g Nüsse, Mandeln oder Kokosflocken
310 g Margarine
250 g Zucker
1 Ei
1 P. Vanillezucker
500 g Mehl

Verzierung:

Schokoladenglasur

Zubereitung:

- Nüsse oder Mandeln in den Mixtopf geben und **6 Sek./Stufe 7** mahlen. (Für die Kokoskränze, Kokosflocken nicht mahlen).
- Restliche Zutaten zugeben und **1 Min./Teigstufe** kneten. Ggf. Spatel zur Hilfe nehmen.
- Teig mit Hilfe einer Gebäckpresse auf ein mit Backpapier belegtes Backblech zu kleinen Kränzen spritzen.
- Im vorgeheizten Backofen backen.
- Nach dem Erkalten an einer Seite mit Schokoladenglasur bestreichen.

Nicht mit Spritzbeutel sondern Gebäckpresse spritzen!

Walnussplätzchen

Backtemperatur:
180°C (Umluft: 160°C)
Backzeit: ca. 10-12 Min.

Zutaten:

50 g Walnüsse
175 g Mehl
125 g Butter
60 g Zucker
1 abgeriebene Zitronenschale
1 Prise Salz
1 P. Vanillezucker

Füllung und Verzierung:

Nuss-Nougat-Creme o.
Marmelade
Puderzuckerglasur
Walnussstücke

Zubereitung:

- Nüsse in den Mixtopf geben und **8 Sek./Stufe 7** mahlen.
- Restliche Zutaten zugeben und **30-40 Sek./Stufe 4** zu einem Mürbteig verarbeiten.
- Teig aus dem Mixtopf nehmen, zu einer Kugel formen und in Frischhaltefolie wickeln. Ca. 1 Std. in den Kühlschrank stellen.
- Teig auf der leicht bemehlten Arbeitsfläche dünn ausrollen und Kreise ausstechen.
- Plätzchen auf ein mit Backpapier belegtes Backblech setzen und im vorgeheizten Backofen backen.
- Nach dem Abkühlen je 1 Plätzchen mit Nuss-Nougat-Creme oder Marmelade bestreichen und ein zweites daraufsetzen.
- Die Plätzchen noch mit Puderzuckerglasur bestreichen und ein Stück Walnuss daraufsetzen.

Schoko-Käsekuchen

Backtemperatur: 175°C
(Ober-Unterhitze)
Backzeit: 45-50 Min.

Zutaten:

200 g ***Butterkekse***
70 g ***Butter, weich, in Stücken***

Zutaten Füllung:

250 g ***Zartbitterschokolade, in Stücken***
80 g ***Wiskey-Sahne-Likör (altern. Sahne)***
1 EL ***Kakaopulver***
300 g ***Schmand***
500 g ***Frischkäse***
90 g ***Zucker***
2 ***Eier***

Verzierung:

Schokoraspeln

Zubereitung:

- Kekse halbiert in den Mixtopf geben und **12-15 Sek./Stufe 6** zerkleinern.
- Butter zugeben und **30 Sek./Stufe 4** verrühren.
- Den Boden einer Springform (24 cm) mit Backpapier auslegen. Keksmasse daraufgeben und fest drücken. Kalt stellen.
- Schokolade in Stücken in den Mixtopf geben und **10 Sek./Stufe 8** zerkleinern. Wiskey-Sahne-Likör zugeben und **2 Min./60°C/Stufe 2** schmelzen.
- Restliche Zutaten für die Füllung zugeben und **20 Sek./Stufe 4** vermengen.
- Masse in die Kuchenform geben und im vorgeheizten Backofen backen.
- Kuchen aus dem Ofen nehmen und in der Form komplett abkühlen lassen. Vor dem Servieren mit Schokoraspeln verzieren.

Spekulatius-Eierlikör-Torte

Zutaten:

***75 g** Löffelbiskuits*
***130 g** Butter, in Stücken*
***75 g** Spekulatius*
***100 g** Zartbitterschokolade, in Stücken*
***6 Blatt** Gelatine*
***75 g** frischer Kaffee*
***600 g** Doppelrahmfrischkäse*
***300 g** Joghurt*
***75 g** Eierlikör*
***75 g** Zucker*

Tipp:
Die Eierlikörsterne gelingen leicht, wenn Sie kleine sternförmige Ausstechförmchen auf die Torte legen und eine dünne Schicht Eierlikör vorsichtig einfüllen.

Zubereitung:

- Löffelbiskuit und Spekulatius im Mixtopf **10 Sek./Stufe 8** zerbröseln. Butter dazugeben und **3 Min./50°C/Stufe 2** vermengen. Masse in eine mit Backpapier ausgelegte Springform (Ø 26 cm) geben und andrücken.
- Schokolade in den Mixtopf geben, **10 Sek./Stufe 8** mahlen. Umfüllen. 2/3 der Schokolade auf den Tortenboden verteilen, zugedeckt kühl stellen.
- Gelatine in kaltem Wasser einweichen. Kaffee und ausgedrückte Gelatine im Mixtopf **3 Min./70°C/Stufe 2** schmelzen.
- 200 g Frischkäse dazu und **10 Sek./Stufe 3** verrühren.
- Restl. Frischkäse, 300 g Joghurt, Eierlikör und Zucker dazugeben und **30 Sek./Stufe 3** vermengen. Creme in die Springform füllen und 3 Std. in den Kühlschrank stellen.
- Die Torte mit der restlichen, geriebenen Schokolade und Eierlikör verzieren.

Schoko-Schichttorte

Backtemperatur: 250°C

Zutaten:

200 g Margarine
200 g Zucker
5 Eier
2 TL Vanillezucker
½ Fl. Bittermandelaroma
70 g Mandeln
120 g Mehl
100 g Speisestärke
1 Msp. Backpulver
100 g Orangenmarmelade
400 g Zartbitterkuvertüre
20 g Sahne
Puderzucker zum Bestäuben

Tipp:
Anstelle der Zartbitterkuvertüre kann man auch weiße Kuvertüre verwenden und mit dunkler Kuvertüre verzieren.

Zubereitung:

- Margarine, Zucker, Eier, Vanillezucker, Bittermandelaroma und Mandeln in den Mixtopf geben und **1 Min./Stufe 6** verrühren.
- Mehl, Speisestärke und Backpulver dazugeben, **15 Sek./Stufe 5** vermengen.
- 2 EL Teig auf den Boden einer gefetteten Springform (Ø 26 cm) streichen. Im vorgeheizten Ofen 3-4 Min. goldbraun backen. Wieder 2 EL Teig aufstreichen und backen. Restlichen Teig ebenso verbacken.
- Torte noch heiß mit der Marmelade bestreichen und abkühlen lassen.
- Kuvertüre im Mixtopf **10 Sek./Stufe 8** zerkleinern. Sahne zugeben und **4 Min./50°C/Stufe 2-3** schmelzen.
- Kuvertüre auf der Torte glatt verstreichen. Kalt stellen. Torte mit Puderzucker bestäuben.

Schoko-Zimt-Cupcakes

Backtemperatur: 180°C
Backzeit: 20 Min.

Zutaten:

280 g ***Zartbitterschokolade, in Stücken***
300 g ***weiche Butter***
180 g ***Zucker***
3 ***Eier***
200 g ***Mehl***
1-2 TL ***Backpulver***
1 TL ***Zimt***
1 Prise ***Salz***
100 g ***Puderzucker***

Zubereitung:

- 130 g Schokolade **10 Sek./Stufe 7** hacken.
- 50 g Butter dazugeben und **2 Min./50°C/Stufe 3** schmelzen.
- 130 g Butter, Zucker und Eier hinzufügen und **1 Min/Stufe 5** verrühren.
- Mehl, Backpulver, Zimt und Salz dazugeben, **20 Sek./Stufe 5** vermengen.
- Teig in 12 Muffinförmchen verteilen und im vorgeheizten Ofen backen. Muffins abkühlen lassen.
- Für die Schokocreme restl. Schokolade **10 Sek./Stufe 7** mahlen und mit 30 g Butter **2 Min./50°C/Stufe 3** schmelzen.
- Restl. 90 g Butter und Puderzucker dazugeben und **20 Sek./Stufe 5** verrühren.
- Schokocreme in einen Spritzbeutel mit großer Sterntülle füllen und als Tuffs auf die Muffins spritzen.
- Cupcakes nach Belieben verzieren.

Lebkuchen-Orangen-Tiramisu im Glas

4 Gläser

Zutaten:

1 P. Puddingpulver (Sahne)
460 g Milch aus dem Kühlschrank
30 g Zucker
1 TL Lebkuchengewürz
200 g Sahne
200 g Schmand
12 Stangen Löffelbiskuit
ca. 150-200 ml Orangensaft
etwas Zimt zum Bestäuben
1 Orange oder Grapefruit

Zubereitung:

- Puddingpulver, Milch, Zucker und Lebkuchengewürz im Mixtopf **6 Min./100°C/Stufe 3** kochen. In eine kalt ausgespülte Schüssel füllen und erkalten lassen. Mixtopf spülen.
- Sahne mit Hilfe des Rühraufsatzes auf **Stufe 3** steif schlagen. Rühraufsatz entfernen. Pudding und Schmand zugeben und **15 Sek./Stufe 4** rühren.
- Jede Löffelbiskuitstange in 3 Teile schneiden und in Orangensaft tränken. Für jedes Glas werden gesamt 3 Stangen (also 9 Stücke) verwendet.
- Nun Creme und Stangen im Wechsel in 4 Gläser schichten. Tiramisu mit Zimt bestäuben und mit Orangen- oder Grapefruitfilets belegen.

Spekulatius-Quark-Dessert

Spekulatius-Quark-Dessert

6 kleine Gläser

Zutaten:

5 Spekulatiuskekse (50 g)
200 g Sahne
80 g Zucker
250 g Magerquark
150 g Mascarpone

Verzierung:

Kakao und/oder Schokoladendeko

Zubereitung:

- Spekulatius in den Mixtopf geben **6 Sek./Stufe 5** zerkleinern. Umfüllen.
- Sahne und Zucker in den Mixtopf geben und ca. **5-8 Sek./Stufe 10** schlagen.
- Quark und Mascarpone hinzufügen und **20 Sek./Stufe 4** verrühren.
- Die zerkleinerten Spekulatius zugeben und **8 Sek./Stufe 4** unterrühren.
- Die Creme in Gläser füllen und mit Kakao oder Schokoladendeko verzieren.

Lebkuchen-Mousse

4 Portionen

Zutaten:

2 Bl. Gelatine
500 g Sahne
120 g Zartbitterschokolade, in Stücken
125 g Lebkuchen
3 Eier
100 g Zucker
4 cl Kirschwasser

Zubereitung:

- Gelatine in kaltem Wasser nach Packungsanweisung einweichen.
- Sahne in den Mixtopf geben und mit Hilfe des Rühraufsatzes auf **Stufe 3** steif schlagen. Umfüllen, Mixtopf spülen.
- Schokolade im Mixtopf **10 Sek./Stufe 7** hacken. Umfüllen.
- Von den Lebkuchen ggf. die Oblaten entfernen und die Lebkuchen in Stücken in den Mixtopf geben. **8 Sek./Stufe 4** zerkleinern. Zur Schokolade umfüllen.
- Eier und Zucker mit Rühraufsatz **7 Min./50°C/Stufe 4** cremig schlagen.
- Ausgedrückte Gelatine und Kirschwasser in einem kleinen Topf am Herd verflüssigen und Flüssigkeit in den Mixtopf geben. **20 Sek./Stufe 4** verrühren.
- Die Creme zusammen mit der geschlagenen Sahne mit der Lebkuchen-Schoko-Masse gut vermengen. Für mind. 2 Std. in den Kühlschrank stellen.
- Mit einem Esslöffel Nocken ausstechen und auf Tellern verteilen.

Nougat-Terrine à la Tiramisu

8-10 Portionen

Zutaten:

3 Blatt Gelatine
100 g Nougat (schnittfeste Masse)
40 g Sahne
250 g Mascarpone
200 g Frischkäse
1 TL Lebkuchengewürz
1 TL Vanillezucker

ca. 150 g Löffelbiskuitstangen
ca. 100 g Glühwein oder Kinderpunsch zum Tränken
etwas Kakaopulver

Zubereitung:

- Gelatine nach Packungsanweisung in kaltem Wasser einweichen.
- Nougat und Sahne in den Mixtopf geben und **2 Min./50°C/Stufe 2** schmelzen.
- Mascarpone, Frischkäse, Lebkuchengewürz, Vanillezucker zugeben und **25 Sek./Stufe 3** verrühren. Gelatine in einem Topf am Herd schmelzen. Nach und nach die Creme aus dem Mixtopf zugeben und mit einem Schneebesen gut verrühren.
- Eine Kastenform (28-30 cm) mit Frischhaltefolie auskleiden und 1/3 der Creme einfüllen.
- Löffelbiskuitstangen kurz in Glühwein tränken und in die Form legen. Wieder eine Schicht Creme einfüllen.
- Erneut eine Schicht Löffelbiskuit hineinlegen und mit dem Rest der Creme abschließen. Terrine für ca. 2 Std. in den Kühlschrank stellen.
- Terrine zum Servieren auf eine Platte stürzen, Folie abziehen und in Scheiben schneiden. Scheiben mit Kakaopulver bestäuben und servieren.

TIPP: SIE KÖNNEN DIE TERRINE AUCH IM GANZEN MIT KAKAO BESTÄUBEN UND MIT EINER PLÄTZCHENFORM Z.B. STERNE EINDRÜCKEN

Spekulatiuscreme mit Glühweinkirschen

Zutaten:

3 Blatt Gelatine
20 g Glühwein
250 g Mascarpone
250 g Naturjoghurt, 3,5%
1 TL Spekulatiusgewürz
50 g Zucker

Glühweinsauce:

160 g	***Glühwein***
1 EL	***Speisestärke***
1 EL	***Zucker***
200 g	***Schattenmorellen***

Zubereitung:

- Gelatine in kaltem Wasser nach Packungsanweisung einweichen.
- Glühwein und abgetropfte Gelatine in den Mixtopf geben und **2 Min./80°C/Stufe 1** auflösen.
- Mascarpone zugeben und **10 Sek./Stufe 4** verrühren.
- Joghurt, Spekulatiusgewürz und Zucker zugeben und **20 Sek./Stufe 4** vermischen.
- Creme auf 4-6 Gläser verteilen und in den Kühlschrank stellen.
- Glühwein, Speisestärke und 1 EL Zucker in den Mixtopf geben. **3 Min./100°C/Stufe 1** aufkochen. Kirschen zugeben und **20 Sek./ ↺ /Stufe 1** unterheben. Kirschmasse auf die Gläser verteilen und für 2 Std. kalt stellen.

Tipp: Als alkoholfreie Variante verwenden Sie statt Glühwein einfach Kinderpunsch.

Kürbiskern-Pralinen

20 Stück

Zutaten:

80 g Kürbiskerne
100 g Zartbitterkuvertüre
50 g trockenen Kuchen
(z.B. Marmorkuchen)
40 g Whiskey-Sahne-Likör

Haltbarkeit im Kühlschrank:
ca. 2 Wochen.

Zubereitung:

- Kürbiskerne in einer Pfanne ohne Fett rösten bis sie sich leicht bräunlich färben. In den Mixtopf geben und **5 Sek./Stufe 8** mahlen. Umfüllen.
- Schokolade in Stücken in den Mixtopf geben, **10 Sek./Stufe 8** zerkleinern und **2 Min./50°C/Stufe 2** schmelzen.
- Kuchen in Stücken zusammen mit dem Likör zugeben und **5 Sek./Stufe 3** vermengen.
- 50 g Kürbiskerne dazugeben und **3 Sek./Stufe 3** vermengen. Masse umfüllen und für 20 Min. in den Kühlschrank stellen.
- Mit einem Teelöffel kleine Mengen der Masse abstechen, mit den Händen zu Kugeln formen und in den restlichen gemahlenen Kürbiskernen wälzen.
- Im Kühlschrank luftdicht verschlossen aufbewahren.

Kokos-Mandel-Konfekt 25-30 Stück

Zutaten:

90 g Zucker
¼ Vanilleschote
300 g Schokolade, weiß
100 g Butter, weich
30 g Rum
30 g Orangensaft
250 g Kokosraspel
25-30 Stück ganze Mandeln (100 g)

Haltbarkeit im Kühlschrank:
ca. 2 Wochen.

Zubereitung:

- Zucker und Vanilleschote im Mixtopf **10 Sek./Stufe 10** pulverisieren. Umfüllen.
- Schokolade in Stücken in den Mixtopf geben und **12 Sek./Stufe 8** hacken.
- Gemahlener Zucker, Butter, Rum, Orangensaft und 160 g Kokosraspel dazugeben, **1:30 Min./Teigstufe** mit Hilfe des Spatels verkneten. Masse für ca. 15 min. in den Kühlschrank stellen.
- Mit einem Teelöffel von der Masse kleine Portionen abstechen. Zu einer kleinen Kugel formen und jeweils 1 Mandel eindrücken. Kugel in Kokosflocken wälzen und im Kühlschrank aufbewahren.

Erdnuss-Knusper-Splitter ca. 15-18 Stück

Zutaten:

100 g getrocknete Aprikosen
100 g Erdnüsse, ungesalzen
100 g Zartbitterkuvertüre, in Stücken

Haltbarkeit im Kühlschrank:
ca. 2 Wochen.

Zubereitung:

- Aprikosen im Mixtopf **15 Sek./Stufe 5** zerkleinern. Umfüllen.
- Erdnüsse in einer Pfanne ohne Fett rösten, bis sie sich leicht bräunlich färben. Abkühlen lassen.
- Schokolade in den Mixtopf geben, **10 Sek./Stufe 8** zerkleinern und **2 Min./50°C/Stufe 2** schmelzen.
- Aprikosen (bis auf 2 TL) sowie die Erdnüsse zugeben und **3 Sek./Stufe 3** mischen. Sofort mit Hilfe von 2 Teelöffeln kleine Häufchen auf ein geöltes Backpapier setzen, mit restlichen Aprikosen verzieren und erkalten lassen.

Kirschwasser-Trüffel

Zutaten:

200 g Vollmilchschokolade
50 g Creme double
35 g Zucker
3 EL Kirschwasser

Verzierung:

50 g Kakao und
25 g Puderzucker
zum Wälzen

Lagerung / Haltbarkeit:
Trüffel in einem gut verschließbarem Gefäß gekühlt aufbewahren.
Haltbarkeit: 5-6 Tage

Zubereitung:

- Schokolade in den Mixtopf geben und **10 Sek./Stufe 7** fein mahlen. Anschließend mit dem Spatel vom Mixtopfrand Richtung Topfboden schieben.
  2 Min./50°C/Stufe 2 schmelzen.
- Creme double, Zucker und Kirschwasser zugeben und **10 Sek./Stufe 4** vermengen.
- Die Masse im Kühlschrank etwas abkühlen lassen (ca. 30 Min.). Danach mit leicht feuchten Händen kleine Kugeln formen.
- Kakao und Puderzucker in einem flachen Teller mischen und die Kugeln darin wälzen.

Tipp:
Creme double finden Sie im Kühlregal meist bei Creme fraiche.

Schokoladentrüffel mit Pistazien

Zutaten:

250 g Zartbitter-Kuvertüre
125 g Butter
35 g Puderzucker
40 g Mandellikör (Amaretto)

Verzierung:

150 g Vollmilch-Kuvertüre
25 g gehackte Pistazien

Zubereitung:

- Kuvertüre in den Mixtopf geben und **10 Sek./Stufe 7-8** zerkleinern. Anschließend mit dem Spatel vom Mixtopfrand Richtung Topfboden schieben. **2 Min./50°C/Stufe 2** schmelzen.
- Butter und Puderzucker hinzufügen und **1 Min./Teigstufe** kneten.
- Masse vom Topfrand nach unten schieben und erneut ca. **30 Sek./Teigstufe** kneten.
- Die Masse im Kühlschrank etwas abkühlen lassen, kleine Kugeln formen und mit Schokoguss überziehen. Mit gehackten Pistazien bestreuen und abkühlen lassen.

ANSTELLE DER PISTAZIEN KÖNNEN SIE AUCH GEHACKTE MANDELN VERWENDEN!

Cookie-Weihnachts-Backmischung

für 1 Glas (500 ml)

Zutaten:

180 g Mehl
½ TL Backpulver
1 Prise Salz
75 g Zucker, braun
75 g Zucker, weiß
75 g Zucker, braun
50 g Haferflocken
1 TL Zimt
90 g Schoko-Rosinen

Lagerung / Haltbarkeit:
Backmischung in einem gut verschließbarem Gefäß aufbewahren.
Haltbarkeit: 3-4 Monate

Zubereitung Backmischung:

- Mehl, Backpulver und Salz in einer Schüssel vermischen.
- Restliche Zutaten der Reihe nach in ein schönes Glas füllen.
- Zubereitung auf ein Etikett schreiben und verschenken.

Zubereitung der Cookies:

- 150 g weiche Butter und 1 Ei in den Mixtopf geben. **20 Sek./Stufe 4** verrühren. Glasinhalt zugeben und **40 Sek./Teigstufe** mit Hilfe des Spatels verkneten.
- Aus dem Teig ca. 18-20 Kugeln formen, diese mit viel Abstand auf ein mit Backpapier belegtes Backblech setzen und leicht flachdrücken.
- Im vorgeheizten Backofen bei 180°C (Umluft 160°C) ca. 15 Min. backen.

Das passende Etikette zum Ausdrucken, finden Sie unter www.mixgenuss.de/downloads

Weihnachtsapfel-Cocktail ca. 3 Flaschen à 0,5 L

Zutaten:

700 g	***Apfelsaft (naturtrüb)***
450 g	***Zucker***
8	***Gewürznelken***
2	***Zimtstangen***
700 g	***Wodka, 40%***

SCHMECKT AUCH AUFGEWÄRMT ALS PUNSCH HERRLICH!

Zubereitung:

- Apfelsaft und Zucker in den Mixtopf geben. Nelken und Zimtstangen in das Garkörbchen geben, einsetzen und das Ganze **15 Min./100°C/Stufe 1** aufkochen.
- Wodka über das Garkörbchen gießen und **3 Sek./Stufe 2** vermischen. Getränk im Mixtopf ca. 1 Std. abkühlen lassen und in Flaschen abfüllen. Vor dem Genießen ca. 1 Woche im Kühlschrank ziehen lassen.

Lagerung / Haltbarkeit:
Likör kühl und dunkel aufbewahren.
Haltbarkeit: 2-3 Monate

Mandarinenlikör 1 Flasche à 0,75 L

Zutaten:

5-6	***unbehandelte Mandarinen***
200 g	***Wasser***
50 g	***braunen Zucker***
550 g	***braunen Rum***

Lagerung / Haltbarkeit:
Likör kühl und dunkel aufbewahren.
Haltbarkeit: 2-3 Monate

Zubereitung:

- Mandarinen abwaschen und 3 Stück mit Hilfe eines Sparschälers schälen. Schalen in feine Streifen schneiden. Alle Mandarinen auspressen und Saft (120 g) zur Seite stellen.
- Wasser in den Mixtopf geben und **4 Min./100°C/Stufe 1** aufkochen.
- Mandarinenstreifen dazugeben und **1 Min./100°C/Stufe 1** blanchieren, dann in einem Sieb abtropfen lassen.
- Saft und Zucker in den Mixtopf geben und **3 Min./70°C/Stufe 2** erwärmen.
- Rum und Mandarinenschalen zugeben und **20 Sek./Stufe 2** verrühren, in eine Flasche füllen. 1 Woche im Kühlschrank ziehen lassen, gelegentlich durchschütteln. Danach den Likör durch ein feines Tuch oder Sieb abgießen und in Geschenkfläschchen umfüllen.

Rotweinlikör ca. 2 Flaschen à 0,75 L

Zutaten:

250 g Zucker
1 EL Vanillezucker
750 g Rotwein
200 g Doppelkorn
200 g Rum

Zubereitung:

- Zucker und Vanillezucker in den Mixtopf geben, **10 Sek./Stufe 10** pulverisieren.
- Rotwein dazugeben und **5 Min./70°C/Stufe 1** erhitzen.
- Doppelkorn und Rum zugeben und erneut **4 Min./70°C/Stufe 1** erwärmen.
- Likör in Flaschen abfüllen.

Lagerung / Haltbarkeit:
Likör kühl und dunkel aufbewahren.
Haltbarkeit: 2-3 Monate

Marzipan-Sahne-Likör ca. 2 Flaschen à 0,75 L

Zutaten:

400 g Marzipan
200 g Sahne
250 g Milch
300 g Rum, 40%ig

Zubereitung:

- Marzipan in Stücken in den Mixtopf geben, **5 Sek./Stufe 5** zerkleinern.
- Sahne und Milch dazugeben und **7 Min./80°C/Stufe 3** erhitzen.
- Rum zugeben und **1 Min./70°C/Stufe 1** erwärmen.
- Likör in Flaschen abfüllen.

Lagerung / Haltbarkeit:
Likör im Kühlschrank aufbewahren.
Haltbarkeit: 2 Wochen

Schoko-Mandeln

Zutaten:

80 g Zucker
¼ Vanilleschote
500 g Mandeln ganz
80 g Zartbitterkuvertüre
1 Prise Koriander, gem.
1 gestr. TL Zimt

Lagerung / Haltbarkeit:
Kühl und dunkel lagern.
Haltbarkeit: 4-6 Wochen

Zubereitung:

- Zucker und Vanilleschote in den Mixtopf geben und **10 Sek./Stufe 10** mahlen. In eine Schüssel mit Deckel umfüllen.
- Mandeln auf ein mit Backpapier belegtes Backblech streuen und mit 2 EL Puderzucker bestreuen. Mandeln im vorgeheizten Backofen bei 160°C (Umluft) ca. 25-30 Min. rösten. Dabei gelegentlich wenden! Mandeln abkühlen lassen.
- Kuvertüre in Stücken in den Mixtopf geben und **8 Sek./Stufe 10** kleinhacken. Mit dem Spatel vom Mixtopfrand nach unten Richtung Topfboden schieben.
- Gewürze zugeben und Schokolade **3 Min./50°C/Stufe 2** schmelzen.
- Abgekühlte Mandeln zugeben und **40 Sek./↺ /Stufe 1-2** mit Hilfe des Spatels unterheben. Die Mandeln sofort in die Schüssel mit dem Vanille-Puderzucker geben. Mit dem Deckel verschließen und ordentlich schütteln. Danach in kleine Tütchen verpacken.

Cappuccinopulver Winterzauber

Zutaten:

60 g löslicher Kaffee
270 g Kaffeeweißer
320 g brauner Zucker
60 g Kakaopulver
3 TL Lebkuchengewürz

Zubereitung:

- Alle Zutaten im Mixtopf **10 Sek./Stufe 10** pulverisieren.
- In kleine Beutel abfüllen und verschenken.

Cappuccinopulver mit Schokoriegeln

Zutaten:

200 g Schokoriegel
(z.B. Yogurette, Merci, o. Kinderschokolade)
80 g Zucker
150 g Magermilchpulver o.Kaffeeweisser
35 g löslicher Kaffee
¼ TL Zimt

Zubereitung:

- Schokoriegel in Stücke brechen und einfrieren. (ca. 2-3 Std.)
- Zucker in den Mixtopf geben und **10 Sek./Stufe 10** pulverisieren. Umfüllen.
- Gefrorene Schokostücke **7-8 Sek./Stufe 8** zerkleinern.
- Alle restliche Zutaten zugeben und **5 Sek./Stufe 4** mischen.
- In kleine Beutel abfüllen und verschenken.

Lagerung / Haltbarkeit:
Kühl und dunkel lagern.
Haltbarkeit: 4-6 Wochen